Impressum
Verlag: BABADADA GmbH, Nedderfeld 112 , 22529 Hamburg
Geschäftsführer / Verlagsleitung: Harald Hof
Druck: Books on Demand GmbH, In de Tarpen 42, 22848 Norderstedt

Imprint
Publisher: BABADADA GmbH, Nedderfeld 112 , 22529 Hamburg, Germany
Managing Director / Publishing direction: Harald Hof
Print: Books on Demand GmbH, In de Tarpen 42, 22848 Norderstedt

duɗal

escola

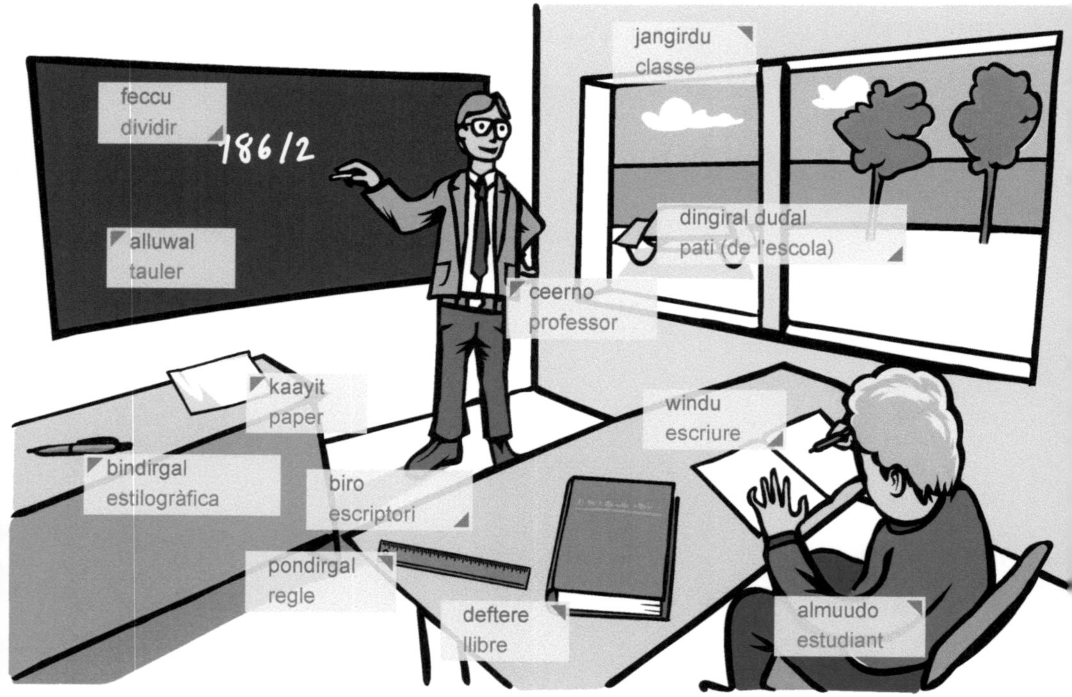

jangirdu
classe
feccu
dividir
186/2
alluwal
tauler
dingiral duɗal
pati (de l'escola)
ceerno
professor
kaayit
paper
windu
escriure
bindirgal
estilogràfica
biro
escriptori
pondirgal
regle
deftere
llibre
almuudo
estudiant

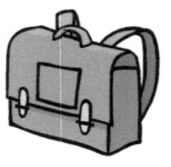

sakosel

bossa

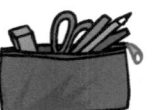

suudu kuɗol

estoig

kuɗol

llapis

ceeɓnoowo kuɗol

maquineta de fer punta

momtirgal

goma

nokku diidirɗo

bloc de dibuix

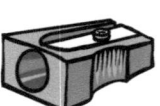

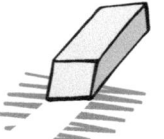

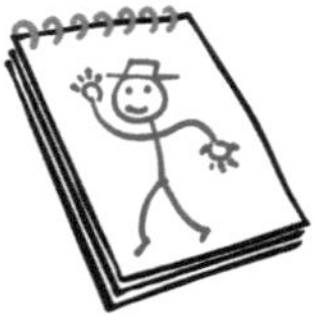

diidgol
dibuix

diidirgal
pinzell

suudu diidordu
capsa de pintures

sisooje
tisores

kol
cola

deftere softinorde
quadern d'exercicis

coftinogol
deures

tongoode
nombre

ɓeydu
afegir

ustu
sostreure

hebbin
multiplicar

lim
calcular

bataake
lletra

hijju
alfabet

kongol
mot

windande

text

jangu

llegir

bindirgal

guix

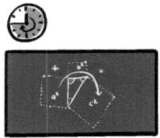

darsu

lliçó

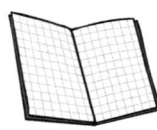

windaade

llibre de classe

ÿeewtogol

examen

ijaazi

certificat

wutte jaɲirɗo

uniforme escolar

jaŋde

formació

ɗowitorde mawnde

enciclopèdia

jaaɓi haatirde

universitat

mokoroskop

microscopi

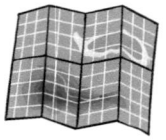

wertaango

mapa

siwo mbalis

paperera

ɗannaade
viatge

otel
hotel
Grand
hoɗirdu
alberg
ROOMS
nokku beccirɗo
oficina de canvi
CHANGE
woliis
maleta
oto
automòbil

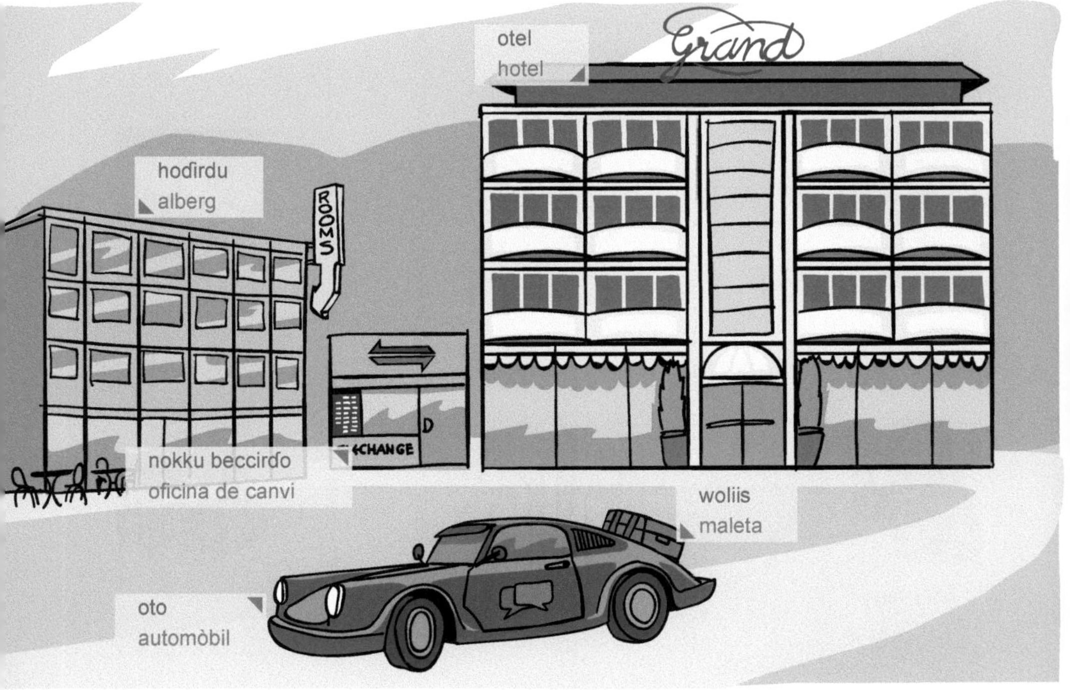

ɗemngal
llengua

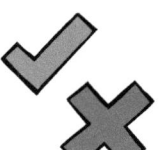

ey / ala
sí / no

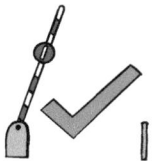

Eyyo
D'acord

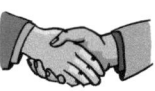

mbaɗɗa
Ey!

pirtoowo
traductora

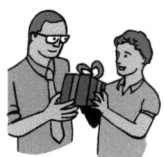

jaraama
gràcies

hono foti...?

Quant costa... ?

mi faamaani

No entenc

satteende

problema

jam hiiri

Bona nit!

jam waali

bon dia!

jam waal

bona nit!

baay baay

fins aviat

ngardiindi

direcció

kaake

bagatge

saak

bossa

saak bakke

sarrona

koɗo

convidat

suudu

cambra

saak ɗaanorɗo

sac de dormir

taanta

tenda

kabaaru jillotooɗo

oficina de turisme

palaaz

platja

kartal keredii

carta de crèdit

kasitaari

esmorzar

bottaari

dinar

hiraande

sopar

tikkett

bitllet

suutde

ascensor

tembere

segell

keerol

frontera

soodooɓe

duana

ambasaat

ambaixada

wiisa

visat

paaspoor

passaport

yangarta
transport

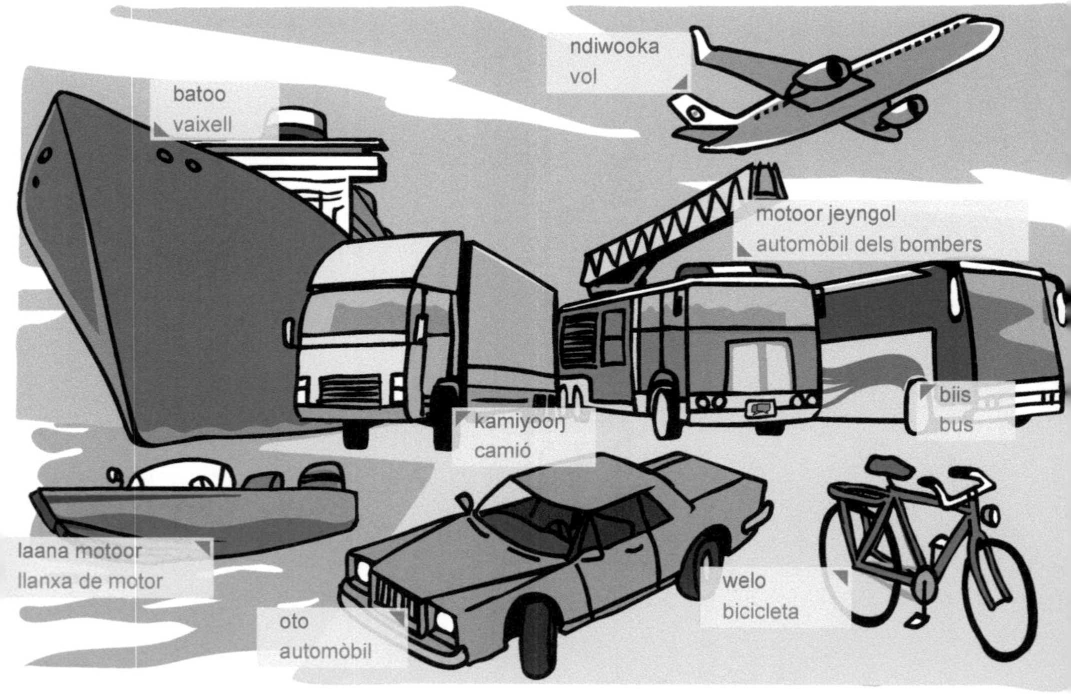
ndiwooka
vol
batoo
vaixell
motoor jeyngol
automòbil dels bombers
biis
bus
kamiyooŋ
camió
laana motoor
llanxa de motor
welo
bicicleta
oto
automòbil

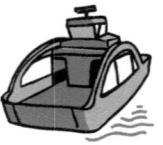

baak

transbordador

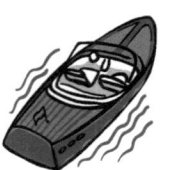

laana

barca

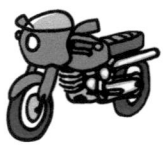

welo motoor

moto

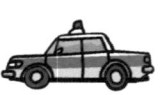

oto poliis

automòbil de policia

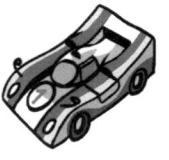

oto dandu

automòbil de curses

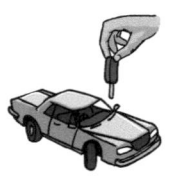

otoluwaaɗo

automòbil de lloguer

rendude oto

vehicle compartit

leŋge

grua

kamiyooŋ salo

camió de les escombraries

moto

motor

gaas

benzina

esaaseer

benzineria

maantorde tali

senyal de trànsit

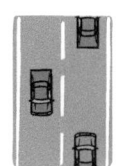

tali

trànsit

ɓittugol tali

embús

darnirde oto

aparcament

dartorde teree

estació de trens

laabi

vies

teree

tren

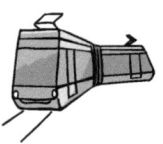

taraam

tramvia

nawgol

vagó

elikooteer
helicòpter

aydapoor
aeroport

hubeere
torre

jahoowo
passatger

kontaneer
contenidor

kees
capsa de cartó

saret
carretó

siwo
cistella

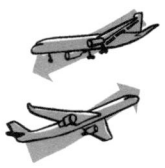

diw / tello
enlairar-se / aterrar

wuro
ciutat

saare
poble

hakkunde wuro
centre de la ciutat

galle
casa

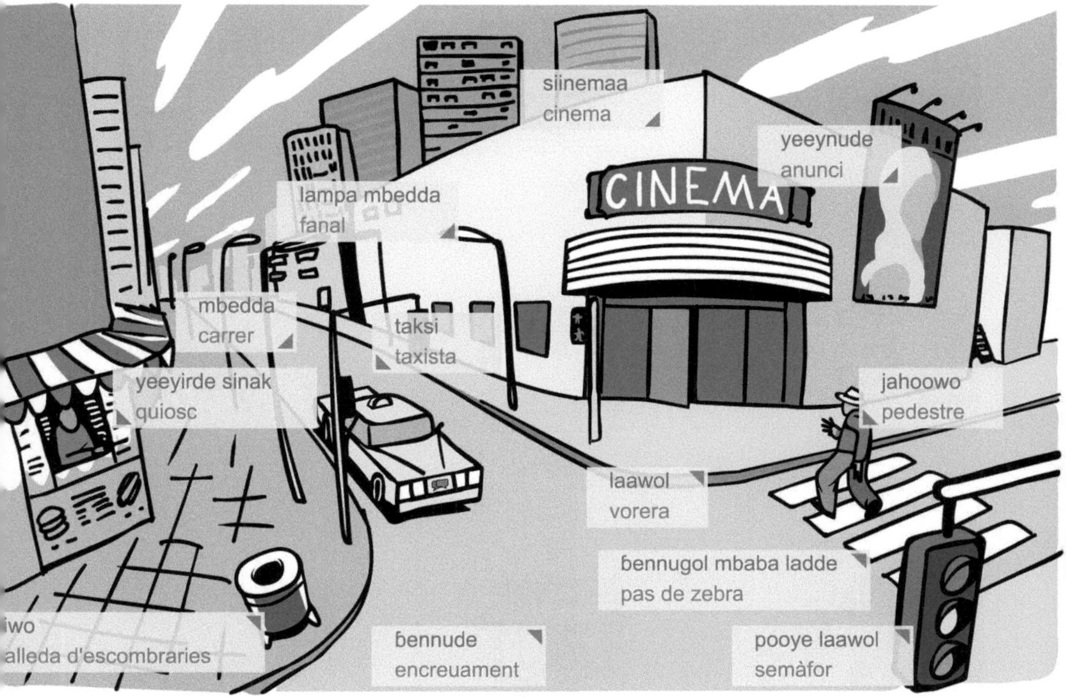
siinemaa
cinema
yeeynude
anunci
CINEMA
lampa mbedda
fanal
mbedda
carrer
taksi
taxista
yeeyirde sinak
quiosc
jahoowo
pedestre
laawol
vorera
ɓennugol mbaba ladde
pas de zebra
iwo
alleda d'escombraries
ɓennude
encreuament
pooye laawol
semàfor

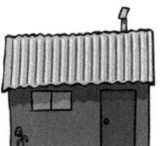

tiba

cabana

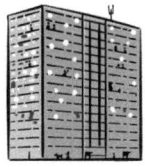

hoɗorde

apartament

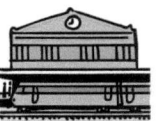

dartorde teree

estació de trens

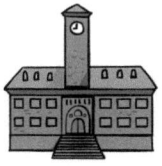

meeri

casa de la vila-ciutat

MUSEUM

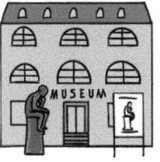

miise

museu

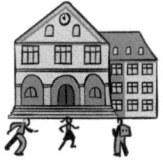

duɗal

escola

jaaɓi haatirde

universitat

baŋke

banca

safrirdu

hospital

otel

hotel

farmasii

farmàcia

gollorde

oficina

yeeyirde defte

llibreria

yeeyirde

botiga

mo nehoowo leɗɗe

floristeria

duggere

supermercat

jeere

mercat

yeeyirde diiwaan

gran magatzem

mo gawoowo

peixateria

nokku njeeygu

centre comercial

telloorde

port

parka

parc

jooɗorde

banc

pooŋ

pont

ŋabbirɗe

escala

les leydi

metro

laawol les

túnel

dartorde biis

parada d'autobús

baar

bar

restoraaŋ

restaurant

suudu posto

bústia de correu

maantorde mbedda

senyal indicador

meetorde parka

parquímetre

nehirde kulle

zoo

pisiin

piscina

jumaa

mesquita

ngesa

granja

bonande

pol·lució

genaale

cementiri

ekiliis

església

dingiral

parc infantil

tempele

temple

satto

paisatge

derewol
fulla

maantogal
cartell indicador

laawol
camí

paraad
prat

haayre
pedra

lekki
arbre

diwoowo
excursionista

caangol
riu

hudo
gespa

baramlefol
flor

fongo

vall

tiwaande

muntanya

weendu

llac

dundu

bosc

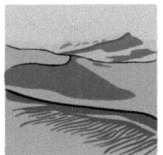

ladde

desert

wolkaaŋ

volcà

hoɗorde

castell

timtimol

arc de Sant Martí

wiiduru gaynaako

bolet

lekki koko

palmera

ɓongu

moscard

diw

mosca

ñuuñu

formiga

ñaaku

abella

njabala

aranya

karaab

escarabat

paaɓa

granota

jiire

esquirol

nguru paaɓa

eriçó

wojere

llebre

hooweere

òliba

ndiwri

ocell

kankaleewal

cigne

fowru

senglar

lella

cervo

kooba

ant

baaraas

presa

seɗa hendu

turbina

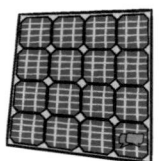

mbeɗu naange

panell solar

kilimaaŋ

clima

restoraaŋ
restaurant

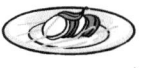

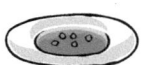

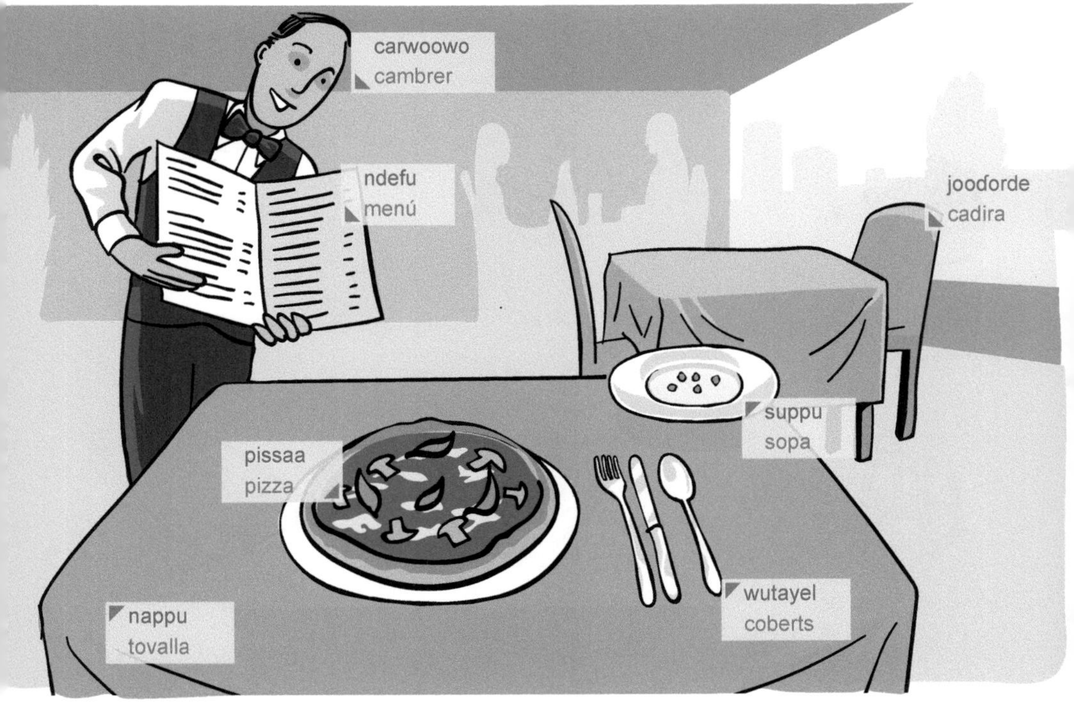
carwoowo
cambrer
ndefu
menú
joodorde
cadira
suppu
sopa
pissaa
pizza
wutayel
coberts
nappu
tovalla

puɗɗorɗo

primer plat

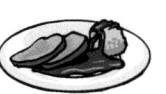

barme mawɗo

plat principal

deseer

darreries

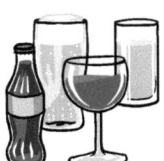

njarameeje

begudes

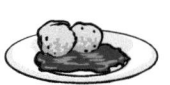

ñamri

menjar

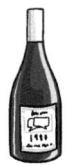

bitel

ampolla

fastfuut

menjar ràpid

ñaamde mbedda

menjar de carrer

pot ataaya

tetera

taasa suukara

sucrer

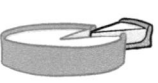

geɗal

porció

masiŋ esperesoo

màquina d'espresso

jooɗorde toownde

trona

faktiir

factura

terey

plata

paaka

ganivet

fursett

forqueta

kuddu

cullera

kuddu ataaya

cullereta

torsooŋ

tovalló

weer

got

palaat

plat

palaat suppu

plat de sopa

coosoowo

plateret

soos

salsa

pot lamɗam

saler

poobaar

molinet de pebre

wineegar

vinagre

diwliin

oli

kaaniije

espècies

ketsoop

quètxup

mutaarde

mostassa

maynees

maionesa

duggere
supermercat

dokkal teentungal
oferta especial
FOR
coodoowo
client
deftel
productes lactis
ɓingel leggal
fruites
saret
carret de la compra

BUTCHERS

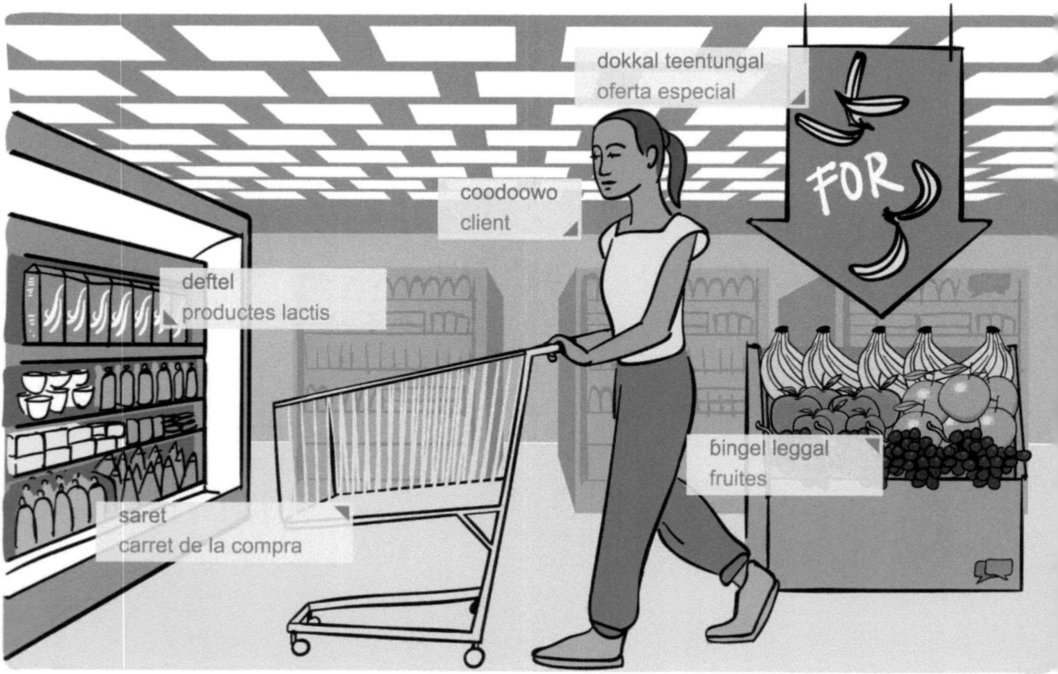

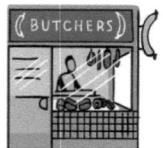

mo jeeyoowo teewu

carnisseria

BAKERY

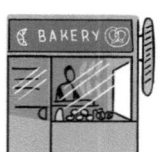

mo piyoowo mburu

forn de pa

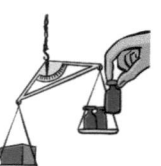

ɓett

pesar

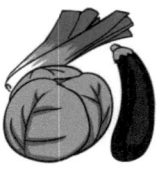

ɓiɓe leɗɗe

verdures

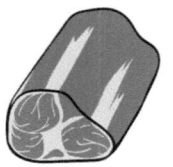

teewu

carn

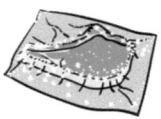

ñamri fendiindi

menjar congelat

teewu ɓuuɓngu

carn freda

ñamri

conserves

omo

detergent en pols

tangaleeji

dolços

geɗe galle

articles domèstics

geɗe labɓinooje

productes de neteja

jeeyoowo

venedora

hippoode

caixa registradora

ngaluyanke

caixera

limo soodetee

llista de la compra

waktuuji gudditeeɗi

horari d'obertura

kalbe

portamonedes

kartal keredii

carta de crèdit

saak

bossa

saak dalli

bossa de plàstic

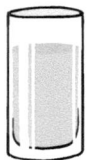

ndiyam

aigua

sii

suc

kosam

llet

Koowk

coca-cola

sangara

vi

sangara

cervesa

alkol

alcohol

koka

cacau

ataaya

te

kafe

cafè

esperesoo

espresso

kaputsiino

cappuccino

banaana

banana

pomere

poma

oraaŋs

taronja

dende

síndria

limoŋ

llimona

karott

pastanaga

laac

all

bambuu

bambú

soblere

ceba

wiiduru gaynako

bolet

gerte

avellanes

kodde

fideus

espaketii

espaguetis

maaro

arròs

solaat

amanida

sipse

patates fregides

padaas pasnaaɗo

patates fregides

pissaa

pizza

amburgoor

hamburguesa

sandiis

entrepà

tayre

escalopa

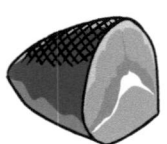

heltinde

cuixot

salaami

salami

soosiis

salsitxa

gertogal

pollastre

juɗe

rostit

liingu

peix

karaw

flocs de civada

miyesli

musli

butaali makka

cereals

cafka

farina

koraasaŋ

croissant

loocol mburu

panet

mburu

pa

mburu

torrada

mbiskit

bescuits

boor

mantega

caakri

mató

ngato

pastís

boofoode

ou

bofoode defaaɗo

ou fregit

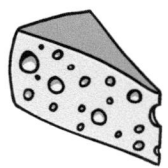

formaas

formatge

kerem galaas
....
gelat

suukara
....
sucre

njuumri
....
mel

piire
....
melmelada

soosde sokola
....
crema de xocolata

kiri
....
curri

ngesa
granja

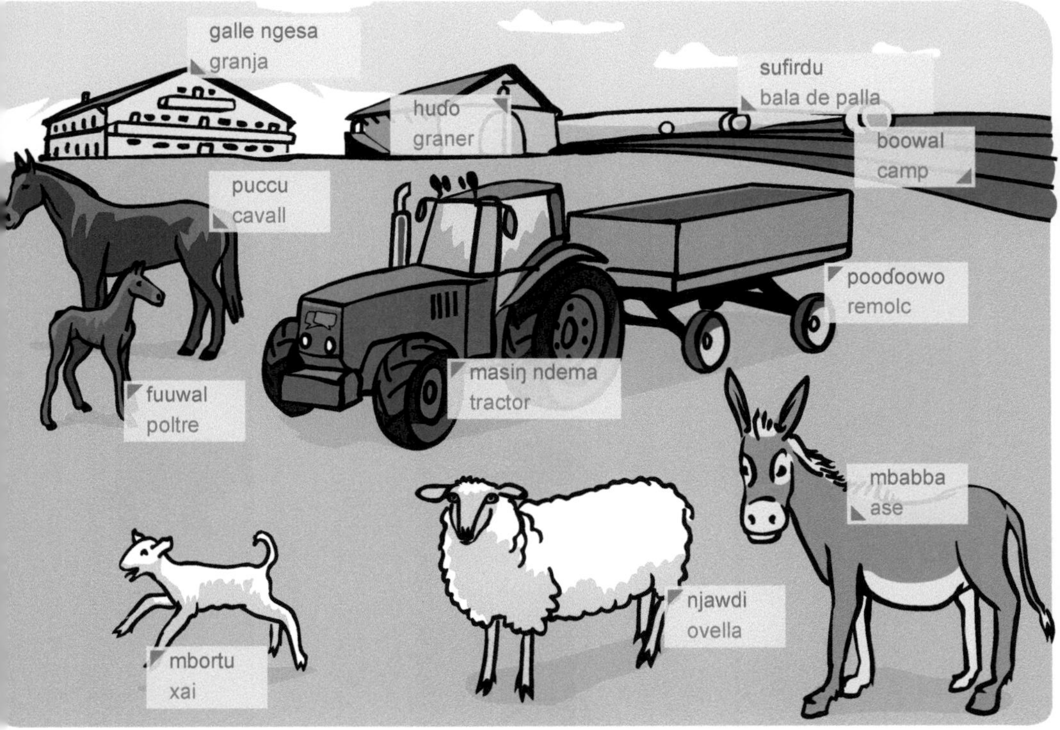
galle ngesa
granja
huɗo
graner
sufirdu
bala de palla
boowal
camp
puccu
cavall
pooɗoowo
remolc
masiŋ ndema
tractor
fuuwal
poltre
mbabba
ase
njawdi
ovella
mbortu
xai

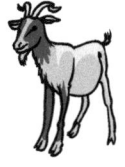

ndamndi

cabra

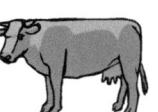

ngaari

vaca

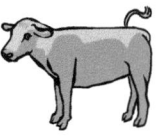

ñale

vedella

mbaba tugal

porc

ɓingel tugal

garrí

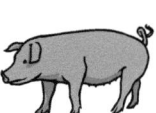

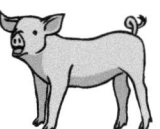

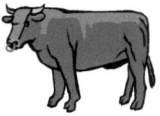

ngaari

bou

jaawalal

oca

jaawangal

ànec

gertogal

poll

jarlal

gall

ngori

gallina

doombru

rata

ulluundu

gat

dombru

ratolí

ngaari

bou

rawaandu

gos

suudu rawaandu

gossera

lekki werte

mànega de regar

bitel ndiyam

regadora

jalo

dalla

jabbude

arada

wafdu

falç

caga

aixada

furset yettirɗo

forca

jambere

destral

burwett

carretó

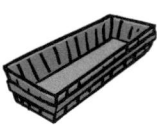

jardugal

abeurador

bitel kosam

lletera

bonnude

sac

heerorde

tanca

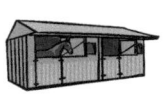

dari

establa

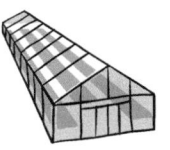

resofmaaŋ

hivernacle

leydi

sòl

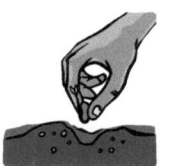

aawdi

llavor

engere

adob

rendin coñoowo

collidora

soñ

collir

coñal

collita

ñambi

nyam

ndiyamiri

blat

soozaa

soja

padaas

patata

makka

blat de moro o d'indi

aawdi adan

colza

lekki ɓesnooki

arbre fruiter

kasaawa

mandioca

gawri

cereals

galle
casa

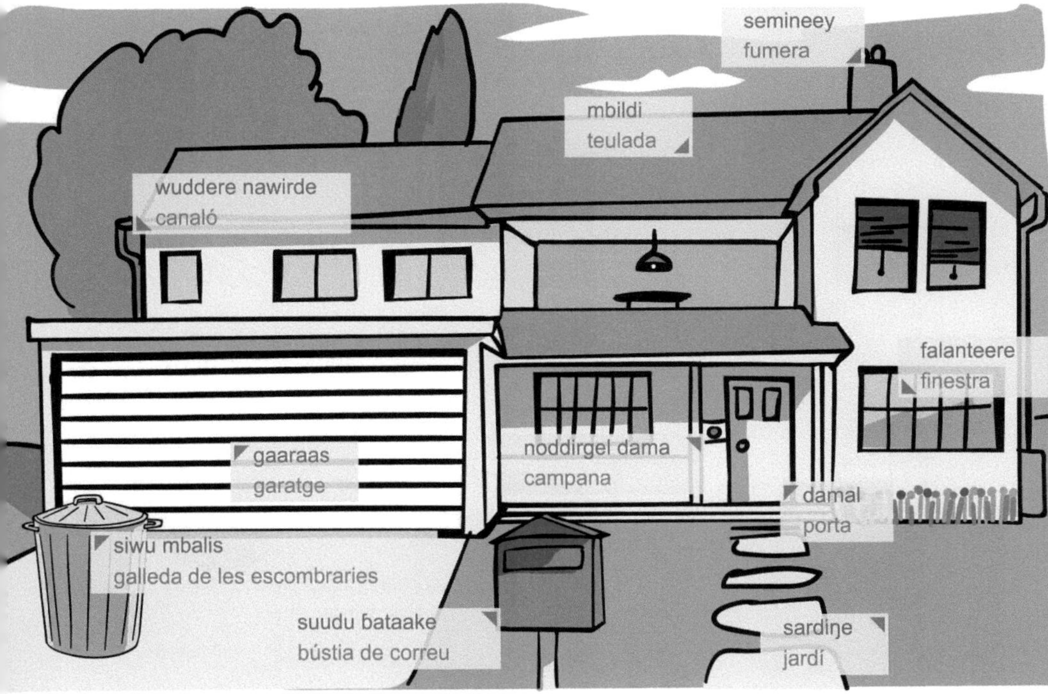
semineey
fumera
mbildi
teulada
wuddere nawirde
canaló
falanteere
finestra
gaaraas
garatge
noddirgel dama
campana
damal
porta
siwu mbalis
galleda de les escombraries
suudu ɓataake
bústia de correu
sardiŋe
jardí

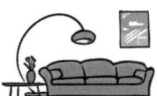

saal

sala d'estar

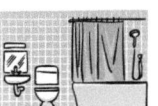

lootorde

bany

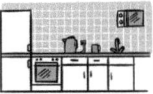

waañ

cuina

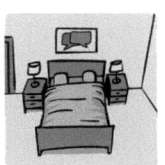

suudu lelteendu

cambra de dormir

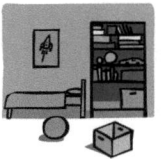

suudu suka

cambra de nen

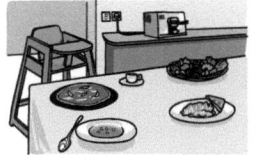

suudu hirtordu

menjador

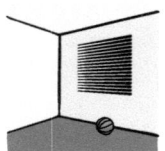

leydi
sòl

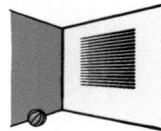

miir
paret

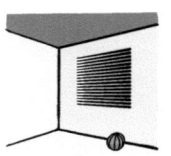

dira
sostre

masiŋel
soterrani

soona
sauna

balkooŋ
balcó

teeraas
terrassa

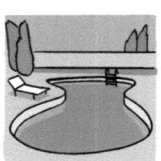

pisin
piscina

tondoos
tallagespa

kaayit
vànova

mbertanteeri
cobrellit

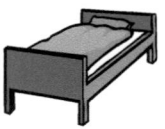

lelnde
llit

pittirđe
escombra

siwoo
galleda

waylu
interruptor

saal
sala d'estar

foodekaraŋ
paper de paret
nattal
quadre
lampa
làmpada
dow
prestatge
baye
armari
lewe
televisor
fotekaaŋ
escalfapanxes
baramlefol
flor
njegenaay
coixí
soofaa
sofà
kaas
gerro
komaande
telecomanda

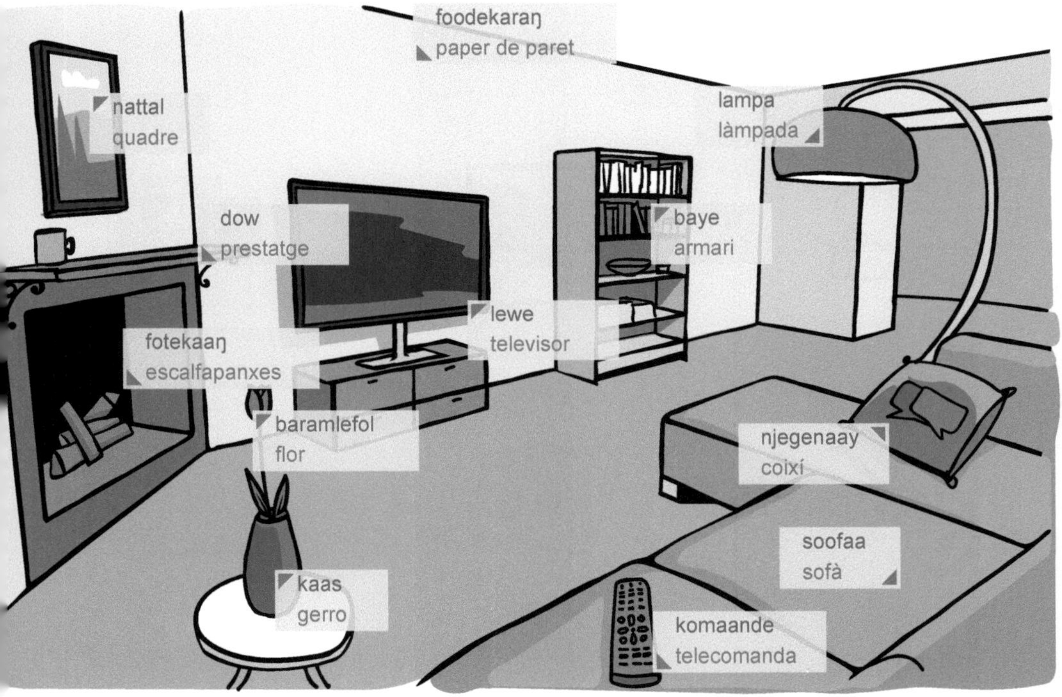

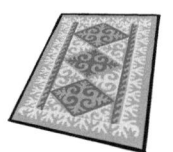

tappi

catifa

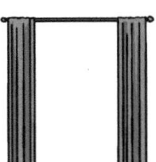

rido

cortina

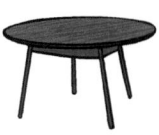

taabal

taula

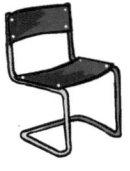

jooɗorde

cadira

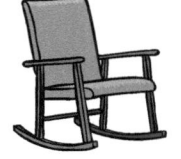

jooɗorde timmunde

cadira gronxadora

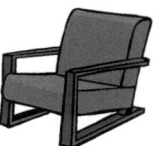

tuggorde

cadiral

deftere
llibre

suddaare
llençol

cinki
decoració

docotal
llenya

filmo
film

kuutorɗe hi-fi
cadena de música

caabi
clau

jaaynde
diari

pentiirde
pintura

posteer
cartell

haalirde
ràdio

deftel mooftirgel
bloc de notes

ŋabbude
aspiradora

siwo lekki
cactus

sondel
candela

waañ
cuina

firigo
refrigerador
defirdu mikoronde
microones
bacce waañ
balança de cuina
baɗoowo towste
torradora
labbinoowo
detergent per a plats
waañ
forn
ɓuuɓnirde
congelador
siwu mbalis
galleda de les escombraries
lawÿoowo kaake
rentaplats

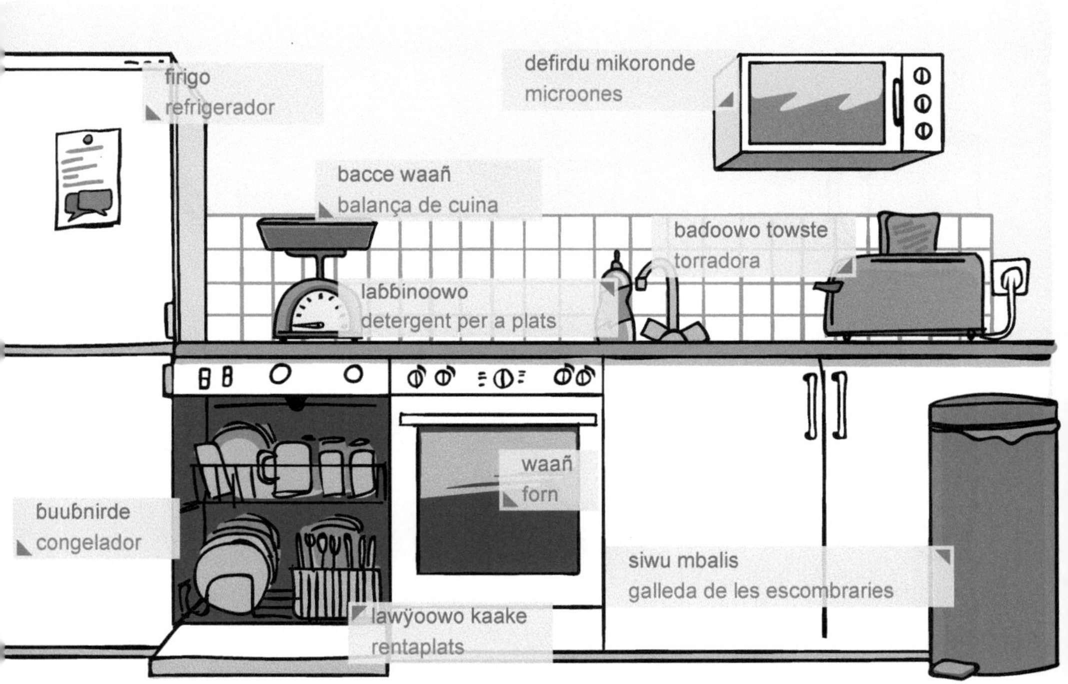

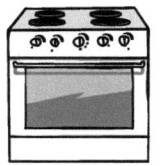

defoowo

cuina de fogons

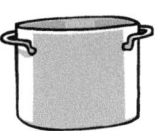

pot

olla

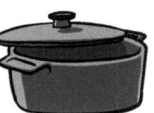

pot baɗɗo njamdi

olla de ferro colat

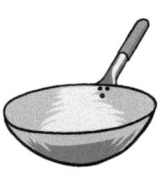

lehel

wok / karahi

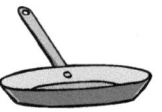

lahal

paella

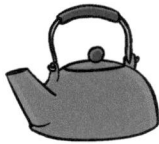

baraade

bullidor

gulnoowo

olla de vapor

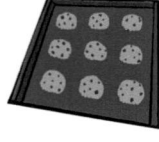

fuur cumirɗo

plata de forn

wiisirde

vaixella

kaas

tassa grossa

taasa

bol

bakett

bastonets xinesos

heɗirde

culler

kuundal

espàtula

burgal

batedor

gulnirɗo

colador

pool

sedàs

koosoowo

ratllador

wowru

morter

njuɗu

barbacoa

lewlewndu

foc a terra

alluwal tayirgal

taula de tallar

dullirgal

corró

tenaay

llevataps

potyel

pot de conserva

udditirđo potyel

obridor

jaggoowo pot

agafador

lawÿirde

aigüera

borisde

raspall

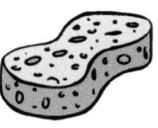

epoos

esponja

jiiɓoowo

batedora

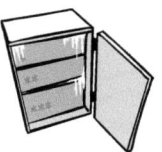

firigo juutđo

congelador

bitel tiggu

biberó

robine

aixeta

lootorde

bany

wulnude
calefacció
ɓuftogol
dutxa
sarbet
tovallola
rido ɓuftorde
cortina de dutxa
sumbu lootorɗo
bany de bombollles
nokku lootorɗo
banyera
weer
got
masiŋ guppirɗo
rentadora
robine
aixeta
biifi
rajoles
woppirde
orinal
lawƴirde
aigüera

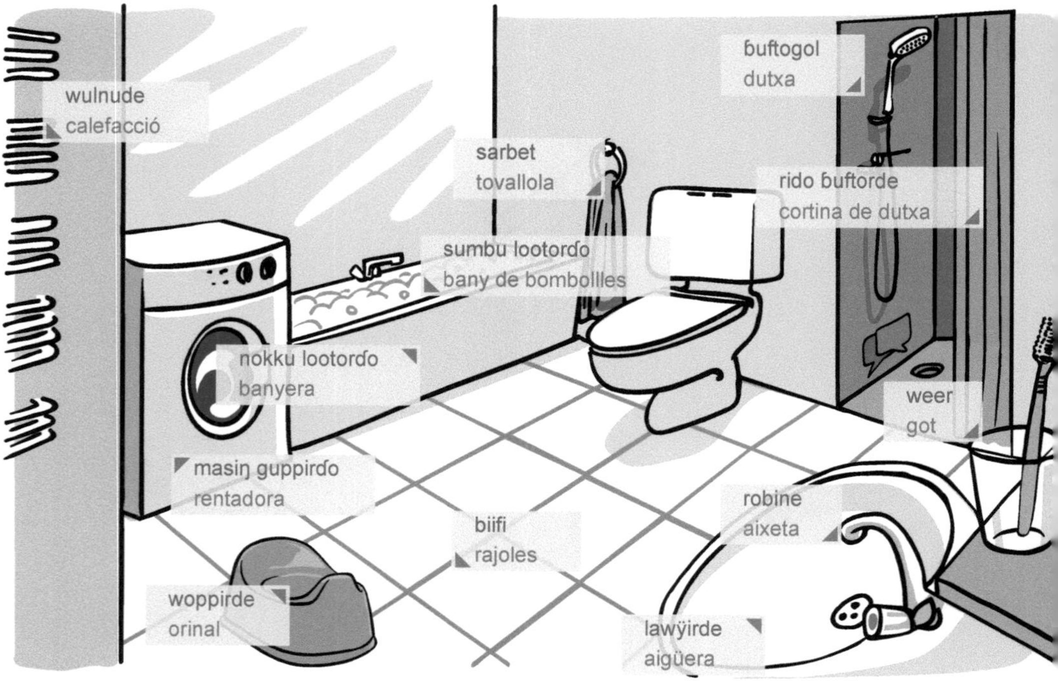

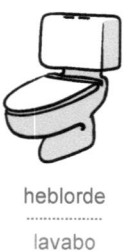

heblorde

lavabo

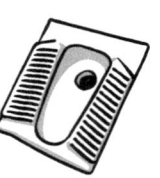

yaltirde les

lavabo turc

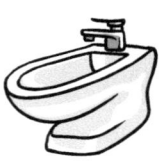

yaltirde

bidet

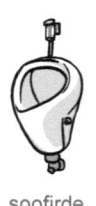

soofirde

orinador

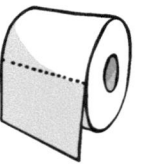

kaayit heblorde

paper higiènic

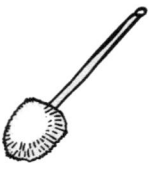

boros heblorde

escombreta de sanitari

boros ñiiÿe

raspall de dents

pat cocorɗo

pasta de dents

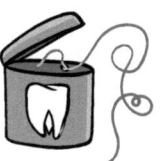

cocorgal

fil dental

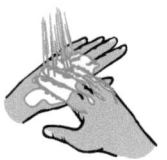

lawyu

rentar

ɓuftorde jungo

pom de dutxa

jampe

dutxa íntima

taasa

rentamans

boros keeci

raspall per a l'esquena

saabunde

sabó

nebam ɓuftorde

gel de dutxa

sampoye

xampú

lootogel

manyopla de bany

yupude

bonera

mileen

crema

lati

desodorant

daarogal

mirall

daarogal jungo

mirall-espill de mà

rasuwaar

maquineta de rasar

sumbu pemborɗo

espuma de barbejar

lallitirde

loció post-rasada

koomu

pinta

boros

raspall

yoorno hoore

eixugador

uurna hoore

laca

makiyaas

maquillatge

lippo

pintallavis

emaaye segene

esmalt d'ungles

wiro

cotó

sisooje segene

tallaungles

parfooŋ

perfum

saawdu lawyirdu

estoig de bellesa

kuudi

tamboret

bacce ɓetirde

bàscula

wutte lootorɗo

barnús

kawaseeje dalli

guants de goma

tampooŋ

compresa higiènica

sarbet laɓɓinoorɗo

compresa

lootogol cellungol

sanitari químic

suudu suka
cambra de nen

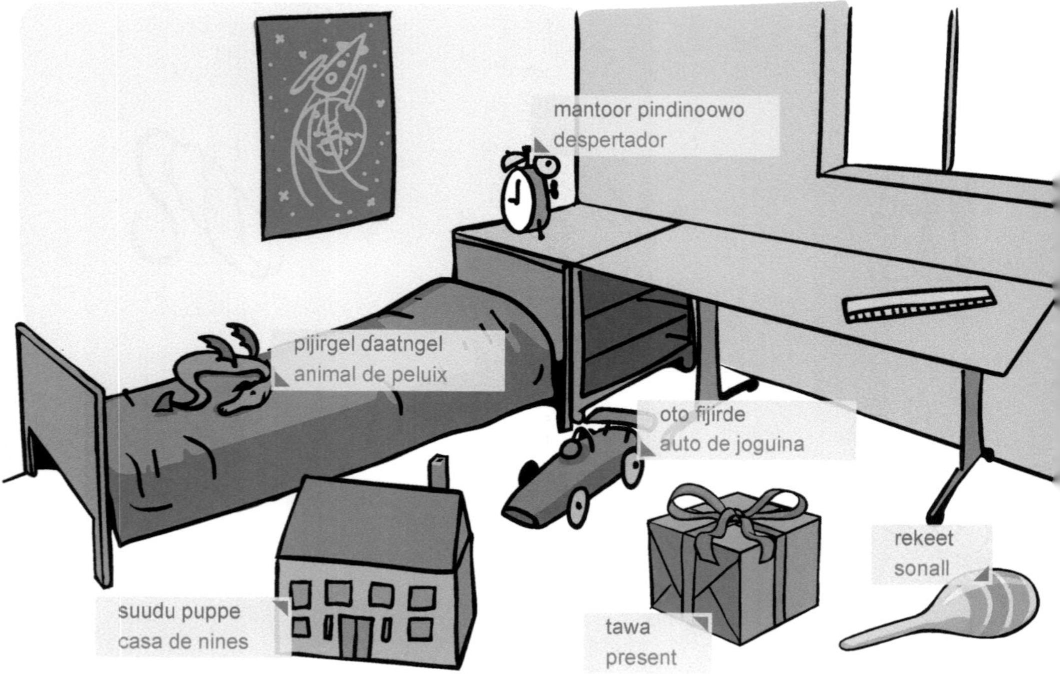

mantoor pindinoowo
despertador
pijirgel ɗaatngel
animal de peluix
oto fijirde
auto de joguina
rekeet
sonall
suudu puppe
casa de nines
tawa
present

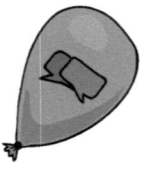

baloon
balό

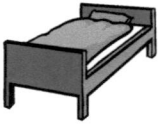

lelnde
llit

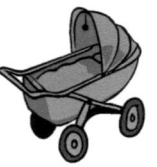

puus puus
cotxet per a nens

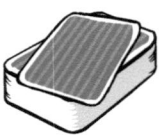

taabal karte
joc de cartes

juwirgal
trencaclosca

SUPER
MEGA

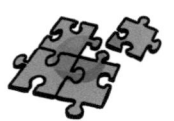

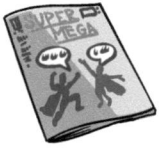

jalnii
historieta

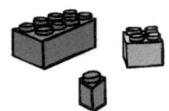

tuufeeje lego

peces de lego

kaaÿe maadi

peces de construcció

pijirgel suka

ninot d'acció

wutte suka

granota

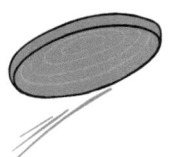

mbiifu

frisbee

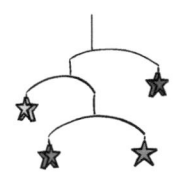

noddirgel

mòbil per a bressol

fijirde alluwal

joc de taula

dee

daus

tereŋ jahiroowo batiri

tren elèctric

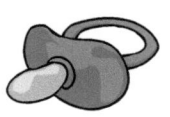

ɗaayɗo

xumet

hiirde

festa

deftere natte

llibre de dibuixos

bal

pilota

puppe

nina

fij

jugar

ngaska leydi

sorrera

yirlude

gronxador

pijirɗe

joguines

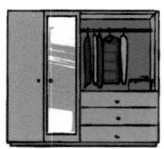

fijirde widoo peley

consola de jocs de vídeo

biifi tati

tricicle

uluundu pijirgel

osset de peluix

woliis

armari

boornogol

roba

kawaseeje

mitjons

baardinirɗi

mitges

dogirɗi

mitja pantaló

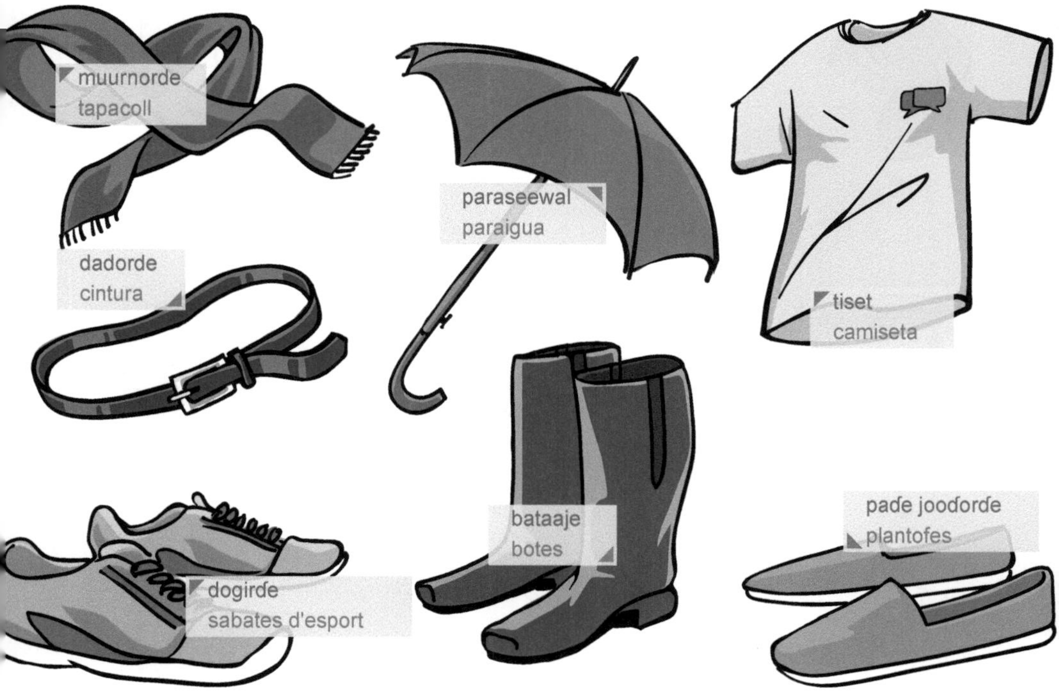

muurnorde
tapacoll

paraseewal
paraigua

dadorde
cintura

tiset
camiseta

bataaje
botes

paɗe jooɗorɗe
plantofes

dogirɗe
sabates d'esport

caraax
....
sandàlies

paɗe
....
sabates

bataaje dalli
....
botes de goma

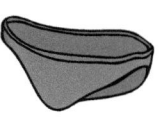

cakkirɗi
....
calçonets

site ŋoos
....
sostenidor

weste
....
guardapits

ɓandu
jjustacòs

tuuba
pantalons

jiin
jeans

sippu
faldeta

buluus
brusa

wuttel
camisa

piliweer
jersei

njallaaba
dessuadora

balaseer suka
blazer

jakett
jaqueta

sabandoor
mantell

wutte toɓo
impermeable

kossim
vestit de dona

robbo
vestit de dona

wutte cuddungu
vestit de núvia

cakkirɗo

vestit d'home

robbo baalduɗo

camisa de dormir

baaluɗi

pijama

sari

sari

fiilorde

mocador de cap

kaala

turbant

misoor

burca

haftan

caftan

abaaye

abaia

lumborɗo

vestit de bany

leɗɗe

calçon(et)s de bany

kilooti

pantalons curts

dewirɗi

xandall

aparooŋ

davantal

kawase

guants

nebbu

botó

lone

ulleres

jawo

braçalet

cakka

collaret

feggere

anell

hootonde

orellera

laafa

casquet

jaggirgal sabandoor

penjador

kufna

capell

karwaat

corbata

korsude

cremallera

tengaade

casc

jawe

elàstics

wutte jaɲirɗo

uniforme escolar

dadorɗo

uniforme

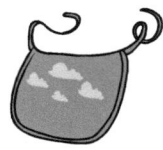

nappu suka

pitet

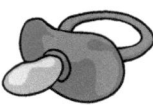

ɗaayɗo

xumet

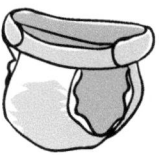

fooftini

bolquer

gollorde
oficina

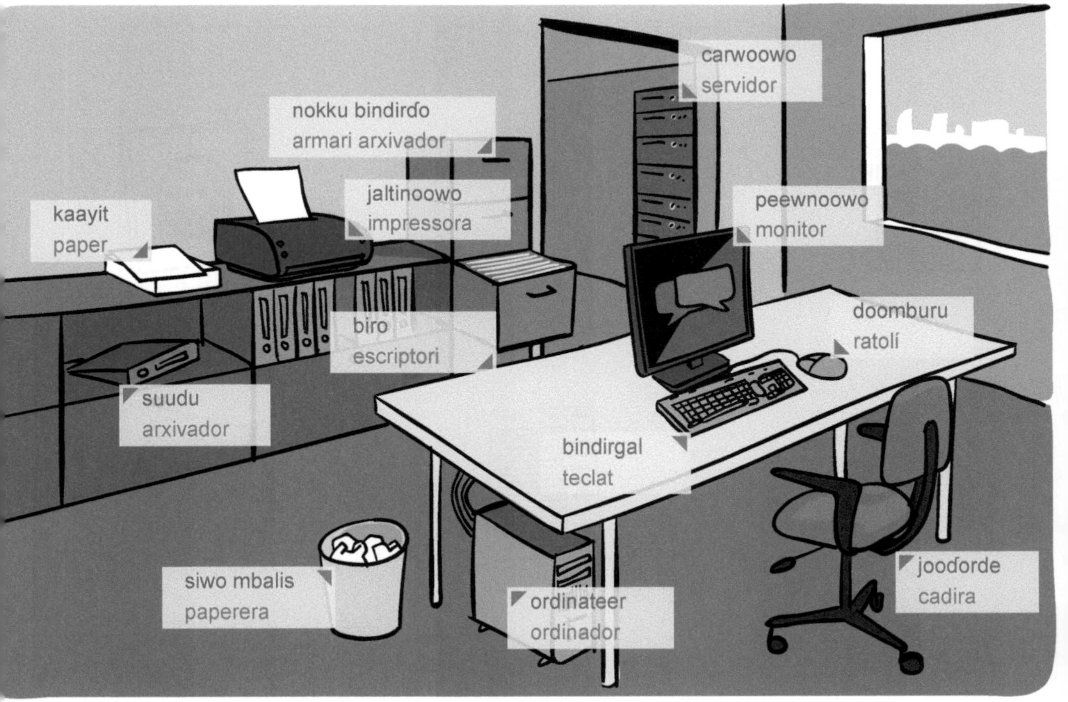
carwoowo
servidor
nokku bindirɗo
armari arxivador
jaltinoowo
impressora
kaayit
paper
peewnoowo
monitor
doomburu
ratolí
biro
escriptori
suudu
arxivador
bindirgal
teclat
siwo mbalis
paperera
ordinateer
ordinador
jooɗorde
cadira

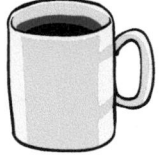

koppu kafe

tassa de cafè

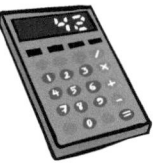

tongirde

calculadora

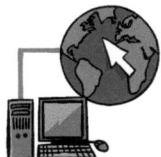

enternet

Internet

ordinateer

ordinador portàtil

bataake kaayit

lletra

bataake

missatge

noddirgel

mòbil

jokkondiral

xarxa

nandinoowo

fotocopiadora

kuutorgel

programari

noddirgel

telèfon

piriis

presa de corrent

masiŋ faksii

fax

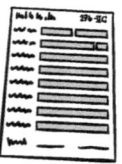

sifaa

formulari

kaayit

document

sood

comprar

yoɓ

pagar

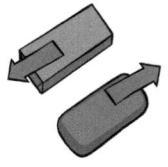

yeey

comerciar

kaalis

diners

dolaar

dòlar

oro

euro

yeen

ien

ruubal

ruble

siiwis farayse

franc suís

yuwaan renminbi

renminbi

ruppii

rupia

nokku ngalu

caixa automàtica

nokku beccirɗo

oficina de canvi

kaŋe

or

kaalis

argent

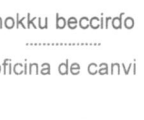

peteroŋ

petroli

doole

energia

coggu

preu

jokkondiral

contracte

lempo

impost

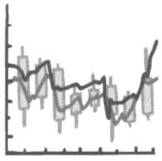

jeyii

acció

liggo

treballar

liggotooɗo

treballador

ligginoowo

empresari

isin

fàbrica

yeeyirde

botiga

golle
oficis

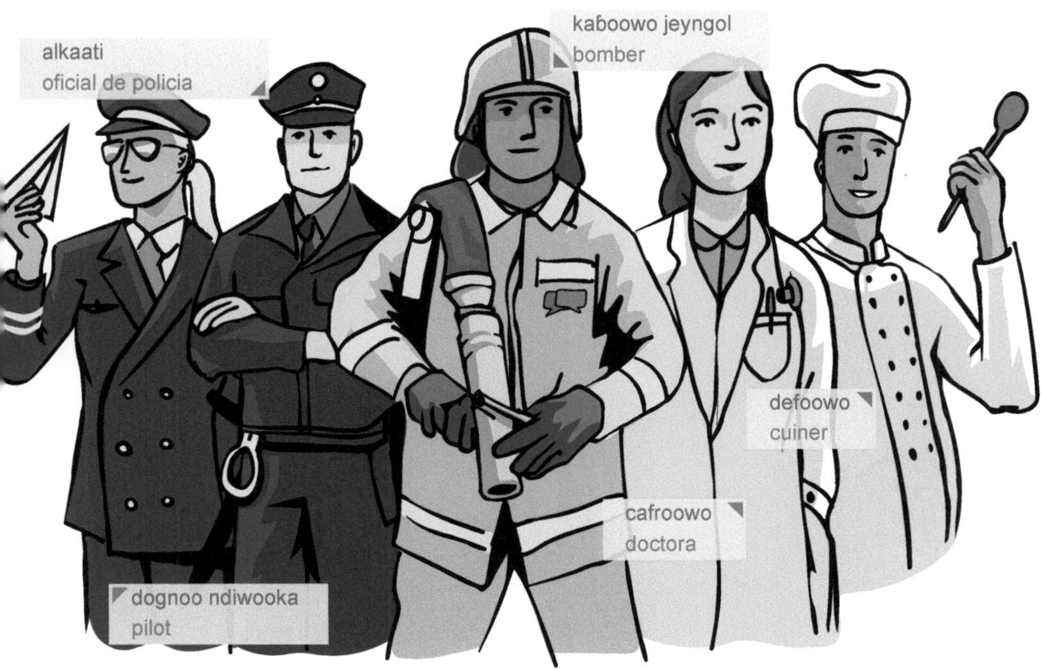
kaboowo jeyngol
bomber
alkaati
oficial de policia
defoowo
cuiner
cafroowo
doctora
dognoo ndiwooka
pilot

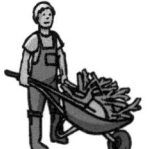

mooftoowo

jardiner

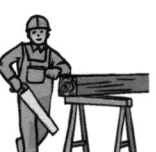

meniise

fuster

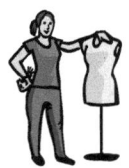

gawoowo debbo

costurera

ñaawoowo

jutge

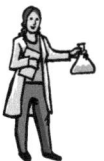

simiyanke

química

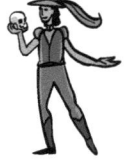

aktoor

actor

diirnoowo biis

conductor d'autobús

diirnoowo taksi

taxista

gawoowo

pescador

debbo pittoowo

dona de la neteja

biloowo

ensostrador

carwoowo

cambrer

baañoowo

caçador

diidoowo

pintor

piyoo mburu

forner

peewnoo jeyngol

electricista

mahoowo

obrer de la construcció

eseñoor

enginyer

buusee

carnisser

polombiyee

llanterner

neɗɗo posto

correu

soldaat
soldat

arsitekte
arquitecte

ngaluyanke
caixera

leɗɗeyanke
florista

mooroowo
perruquer

diirnoowo
revisor

peenoowo jamɗe
mecànic

gardiiɗo
capità

safroowo ñiiÿe
dentista

gando
científic

babbiin
rabí

almaami
imam

muwaan
monjo

neɗɗo alla
capellà

kuutorɗe

eines

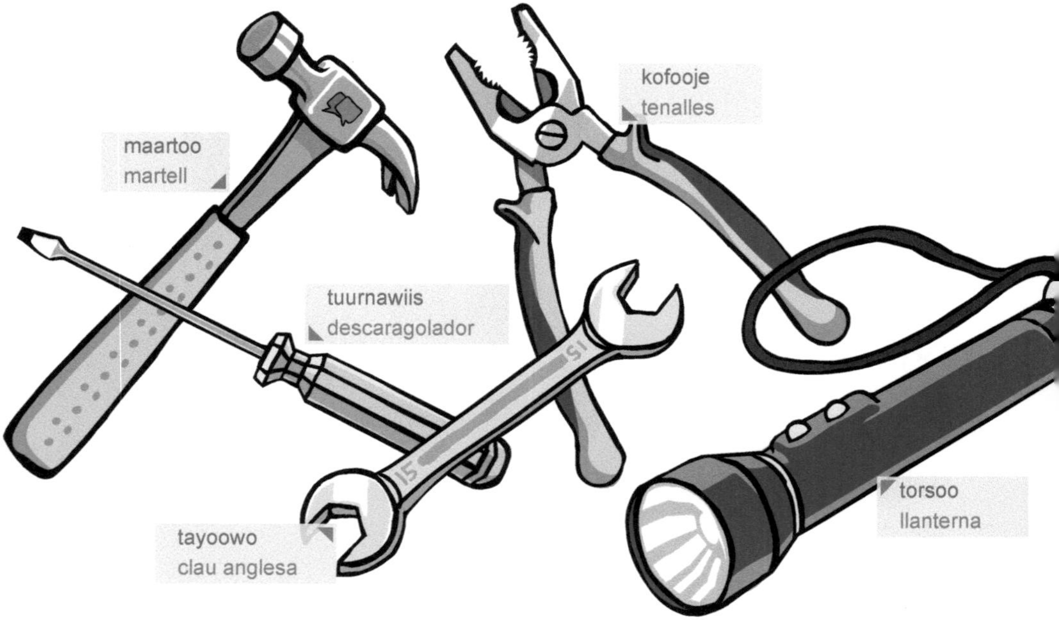
maartoo
martell
kofooje
tenalles
tuurnawiis
descaragolador
tayoowo
clau anglesa
torsoo
llanterna

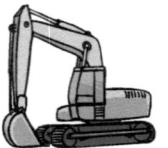

ngasirdi

excavadora

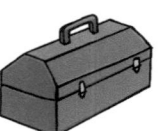

suudu kuutorɗe

caixa d'eines

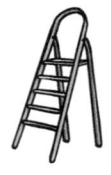

seel

escala

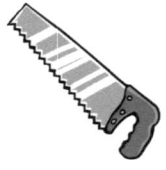

siiy

serra

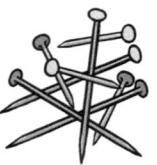

pontooje

claus

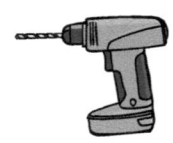

yuwirde

trepant

feewnit

reparar

nokkirde

pala

sooot

Maleït siga!

peel

pala

pot diidirɗo

pot de pintura

wiisuuji

caragols

pijirɗe

instrument de música

nikoro
altaveu

buuba
bateria

gitaar
guitarra

dubal baas
contrabaix

allaadu
trompeta

piyaano

piano

ñaañooru

violí

baas

baix

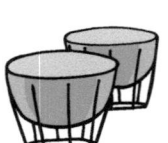

timpaan

timbal

bawɗi

tambor

bindirgal

teclat

saksofooŋ

saxofon

coolumbel

flauta

haaldude

micròfon

pijirɗe - instrument de música

naatirde
entrada

cewngu
tigre

sabbunde
gàbia

mbabba ladde
zebra

ñamri kulle
aliment per a animals

pandaa
ós panda

kulle

animals

ñiiwa

elefant

kanguruu

cangurú

liwoongu

rinoceront

waandu

goril·la

fowru

ós

ngelooba

camell

jaawagal

estruç

mbaroodi

lleó

golo

simi

ñaarpural

flamenc

seku

papagai

fowru nees

ós polar

peŋwee

pingüí

reke

ca mari

ngoriyal

paó

mboddi

serp

nooro

cocodril

deenoowo kulle

guardià del zoo

liingu

foca

cewngu

jaguar

molel puccu

poni

cewlu

lleopard

ngabu

hipopòtam

ñamala

girafa

ciilal

àliga

fowru

senglar

liingu

peix

heende

tortuga

morsee

morsa

daga

guineu

lella

gasela

fugu koyngel Amarik
futbol americà

welo
ciclisme

teniis
tenis

basket
bàsquet

lumbaade
natació

bokse
boxa

okey e galaas
hoquei sobre gel

fugu koyngel

futbol americà

badminton

bàdminton

dogduuji

atletisme

fugu jungo

handbol

eskiiy

esquí

polo

polo

golle
activitats

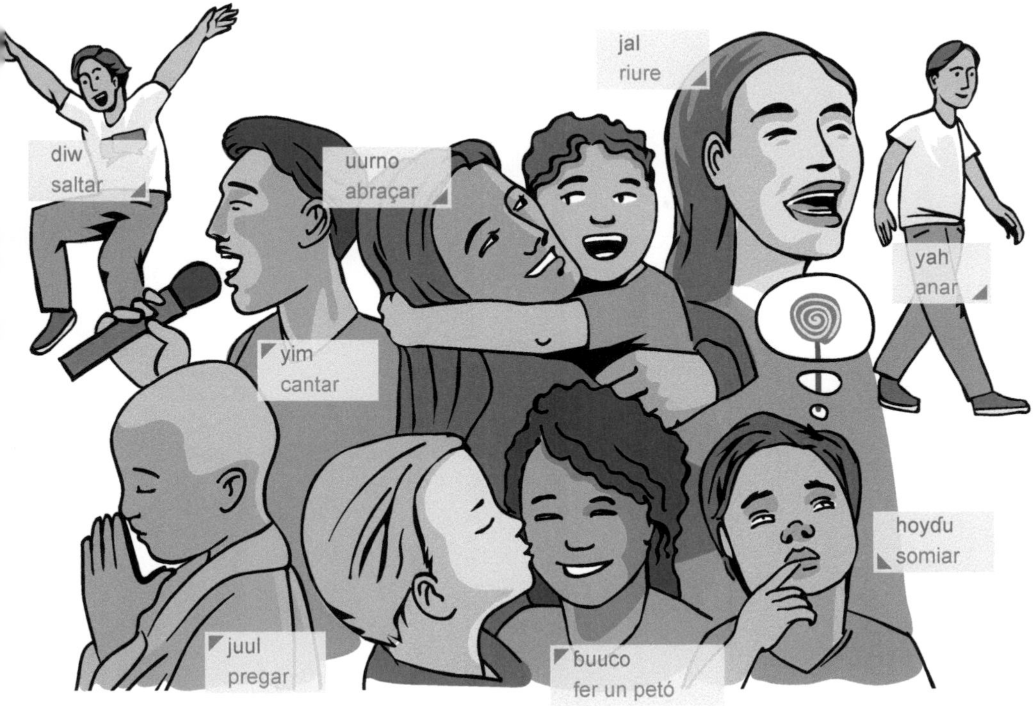

diw
saltar
yim
cantar
uurno
abraçar
jal
riure
yah
anar
hoyɗu
somiar
juul
pregar
ɓuuco
fer un petó

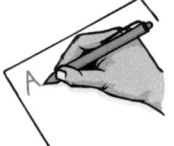

windu
escriure

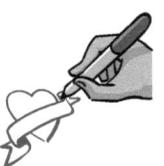

diid
dibuixar

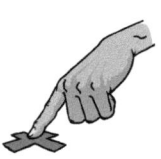

hollu
mostrar

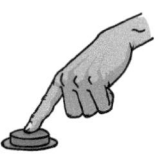

duñ
pitjar

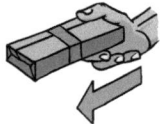

rokku
donar

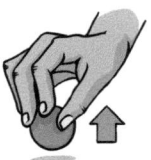

naw
prendre

jogo
tenir

wađ
fer

won
ésser

daro
estar dret

dog
córrer

ittu
estirar

weddo
llançar

yan
caure

fen
jeure

fad
esperar

naw
portar

joođo
asseure's

ɓoorno
vestir-se

đaano
dormir

finn
despertar-se

ndaar

mirar

woy

plorar

fiiy

amoixar

koomu

pentinar

haal

parlar

faam

comprendre

naamdo

demanar

hetto

escoltar

yar

beure

ñaam

menjar

habbu

endreçar

yiɗ

estimar

def

cuinar

diirnu

conduir

diw

volar

awyu

navegar

lim

calcular

jangu

llegir

jangu

aprendre

liggo

treballar

res

casar-se

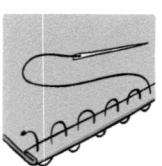

aaw

cosir

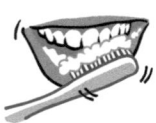

boris ñiïÿe

raspallar-se les dents

war

matar

simmo

fumar

neldu

enviar

ɓesngu
família

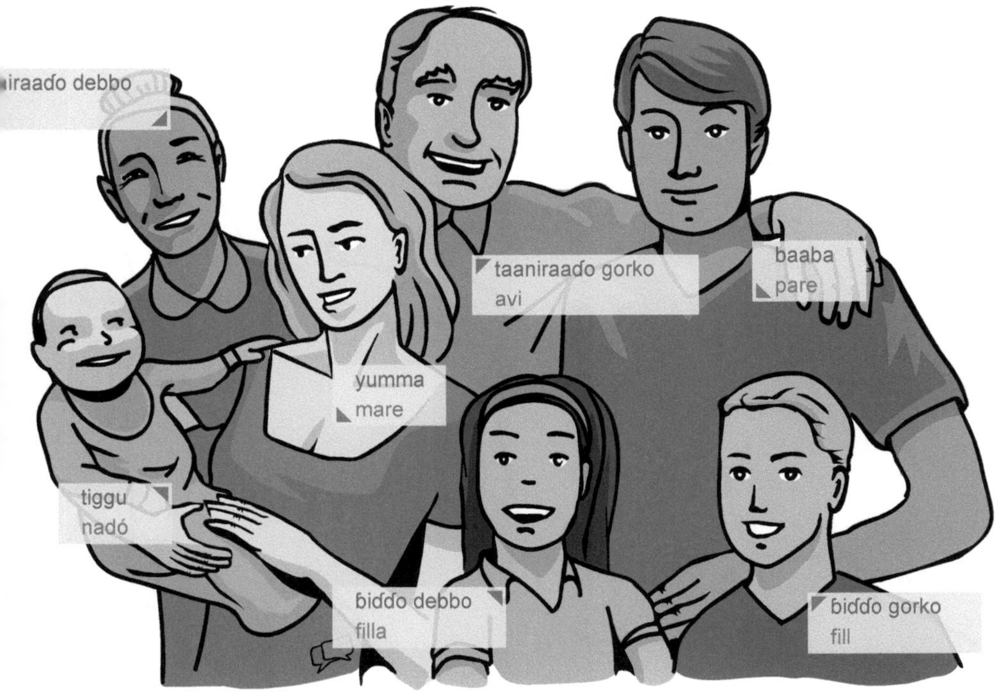
iraaɗo debbo
taaniraaɗo gorko
avi
baaba
pare
yumma
mare
tiggu
nadó
biɗɗo debbo
filla
biɗɗo gorko
fill

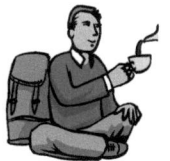

koɗo

convidat

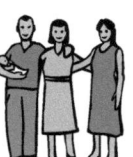

gogo

tia

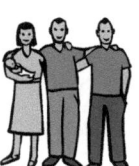

kaawiraaɗo

oncle

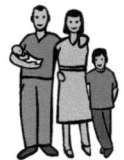

mawniraaɗo gorko

germà

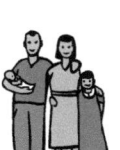

mawniraaɗo debbo

germana

ɓandu

cos

tiinde
front
yitere
ull
walabo
espatlla
feɗeendu
dit
yeeso
cara
waare
barbeta
jungo
mà
korlal
cama
endu
pit
jungo
braç

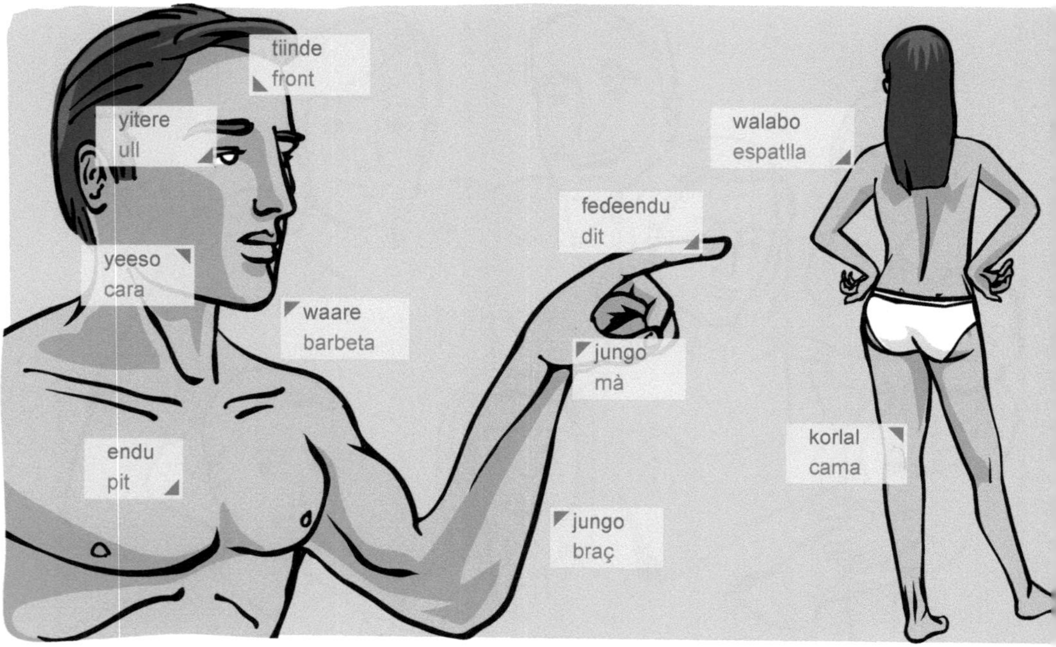

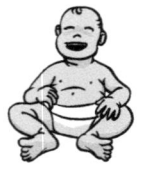

tiggu

nadó

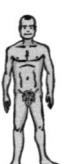

gorko

home

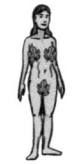

debbo

dona

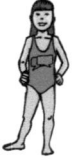

debbo

noia

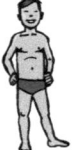

gorko

noi

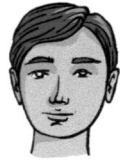

hoore

cap

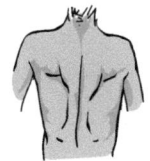

keeci

esquena

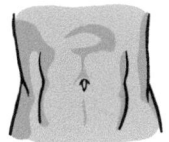

reedu

panxa

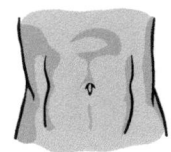

wudduru

melic

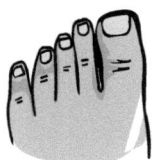

feɗeendu

dit gros del peu

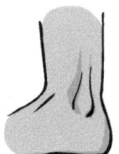

njaaɓordi

taló

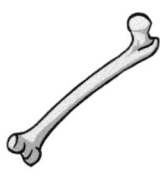

ÿiyal

os

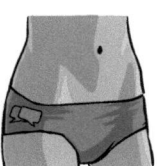

buhal

maluc

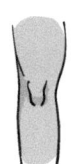

hofru

genoll

fooŋturu

colze

hinere

nas

gaɗa

cul

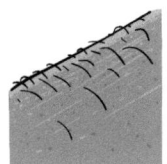

nguru

pell

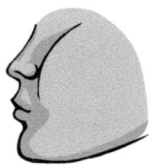

aɓɓuko

galta

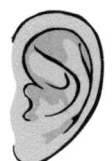

nofru

orella

tondu

llavi

hunuko

boca

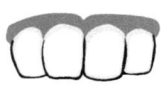

ñiire

dent

demngal

llengua

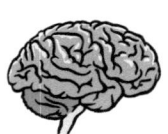

ngaandi

cervell

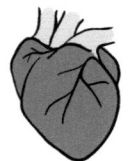

bernde

cor

ÿiye

múscul

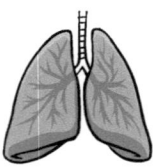

jofe

pulmó

heeñere

fetge

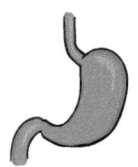

kuuse

estómac

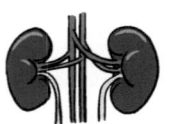

booÿe

ronyó

leldaade

relació sexual

kawasal

preservatiu

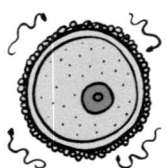

boccoonde

ovari

maniiyu

semen

cowagol

prenyat

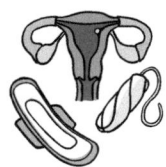

ella
menstruació

kottu
vagina

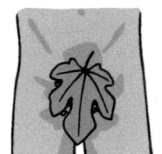

soolde
penis

leeɓol yitere
cella

sukundu
cabells

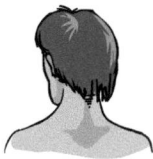

daande
coll

safrirdu
hospital

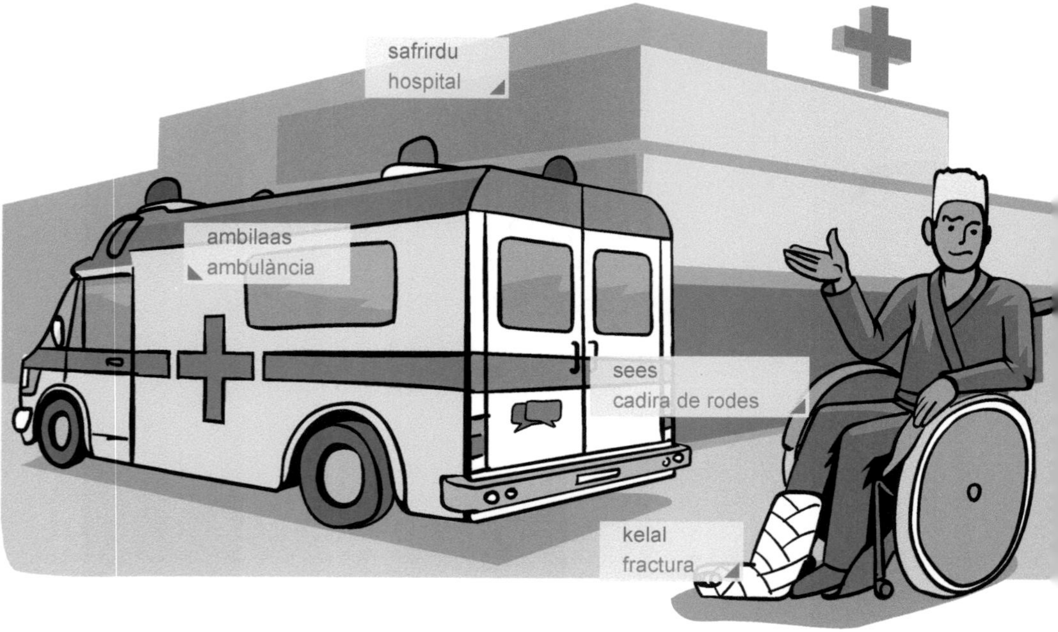

safrirdu
hospital
ambilaas
ambulància
sees
cadira de rodes
kelal
fractura

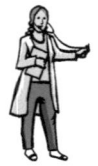

cafroowo

doctora

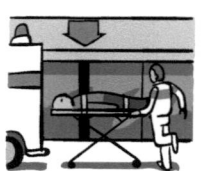

suudu heñaare

sala d'urgències

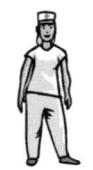

debbo cafroowo

infermera

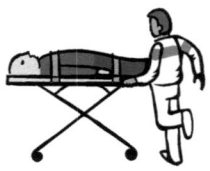

heñorde

urgència

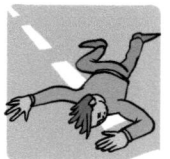

wondaane hakkile

inconscient

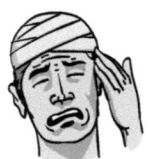

muuseeki

dolor

gaañande

ferida

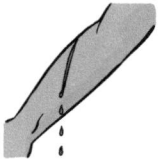

tuɗɗe ÿiiÿam

sagnament

muuseeki bernde

atac de cor

piigol

apoplexia

nefo

al·lèrgia

ɗojjude

tos

bandu wulooru

febre

pali

gripa

ndogu reedu

diarrea

hoore muusoore

mal de cap

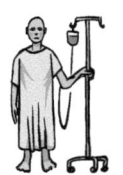

kaaseer

càncer

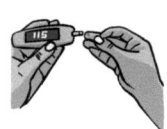

jabett

diabetis

oppiroowo

cirurgià

jaggirdi

escalpel

oppeere

operació

CT

tomografia computada (TC), TAC

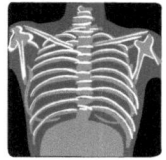

buuɗi x

raigs x

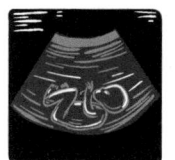

iltarasooŋ

ultrasò

huurirdu yeeso

mascareta

rafi

malaltia

heblorde

sala d'espera

beeke

crossa

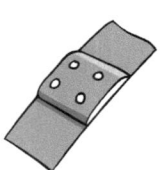

tabak

tireta

bandaas

embenat

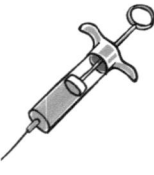

pinggu

injecció

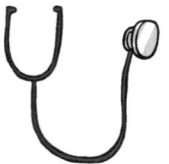

estetoskop

estetoscopi

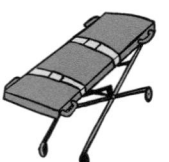

pooɗoowo

llitera

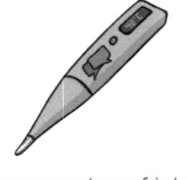

termomeeter safrirdu

termòmetre clínic

jibinande

pariment

buttidgol

sobrepès

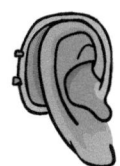

ballal nanirɗe

aparell auditiu

labbinoowo

desinfectant

raaɓo

infecció

wiriis

virus

SIDAA

VIH / SIDA

lekki

medicina

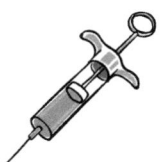

ñakko

vaccí

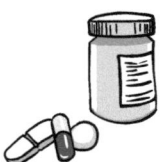

poɗɗe

comprimits

foɗɗere

píl·lola

noddaango heñiingo

trucada d'urgència

ÿeewtorde yaadu ÿiiyam

tensiòmetre

faawŋi / selli

malalt / sà

Ballal

Socors!

pindinoowo

alarma

njangu

assalt

raaŋande

atac

boomre

perill

yaltirde yaawnde

sortida-eixida d'urgència

Jeyngol

Foc!

ñifoowo jeyngol

extintor

aksida

accident

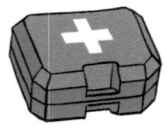

saawdu safaara gadano

farmaciola de primers
auxilis

SOS

SOS

poliis

policia

Orop

Europa

Amarik Rewo

Amèrica del Nord

Amarik Worgo

Amèrica del Sud

Afirik

Àfrica

Aasi

Àsia

Ostaraali

Austràlia

Atalantik

Atlàntic

Pasifik

Pacífic

Maayo Endo

Oceà Índic

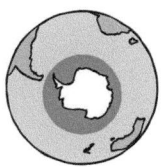

Maayo Antarkatik

Oceà Antàrtic

Maayo Arkatik

Oceà Àrtic

Baŋe Rewo

pol nord

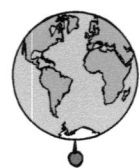

Baŋe Worgo
....
pol sud

Antarkatik
....
Antàrtida

Leydi
....
terra

leydi
....
país

maayo
....
mar

siire
....
illa

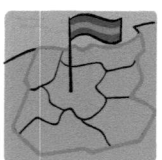

wuro
....
nació

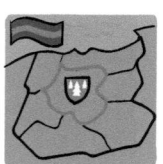

laamu
....
estat

yeeso waktu

quadrant

jungo waktu

agulla de les hores

jungo hojoma

agulla dels minuts

jungo majaango

agulla dels segons

hol waktu?

Quina hora és?

ñalawma

dia

saha

temps

jooni

ara

mantoor nattoowo

rellotge digital

hojoma

minut

waktu

hora

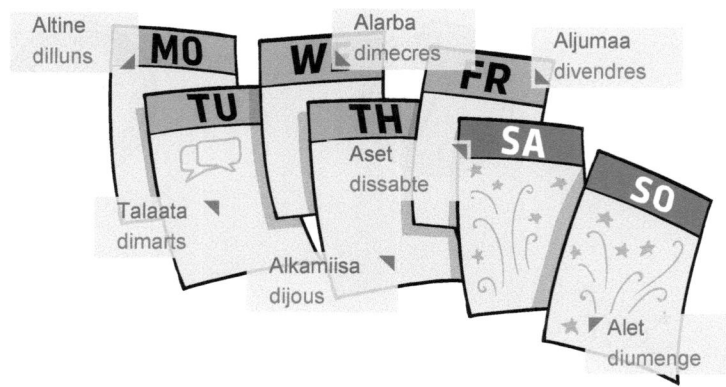

Altine
dilluns

Alarba
dimecres

Aljumaa
divendres

Aset
dissabte

Talaata
dimarts

Alkamiisa
dijous

Alet
diumenge

hanki

ahir

hande

avui

jango

demà

subaka

matí

ñalawma

migdia

kikiiɗe

tarda

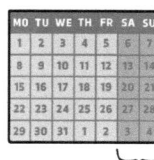

biir

dia feiner

ñalɗi

cap de setmana

hitaande
any

toɓo
pluja
timtimol
arc de Sant Martí
nees
neu
hendu
vent
demminaare
primavera
ndunngu
tardor
ceeɗu
estiu
dabbunde
hivern

4.APRIL 11°
5.APRIL 4°
6.APRIL 13°
7.APRIL 8°
8.APRIL 10°

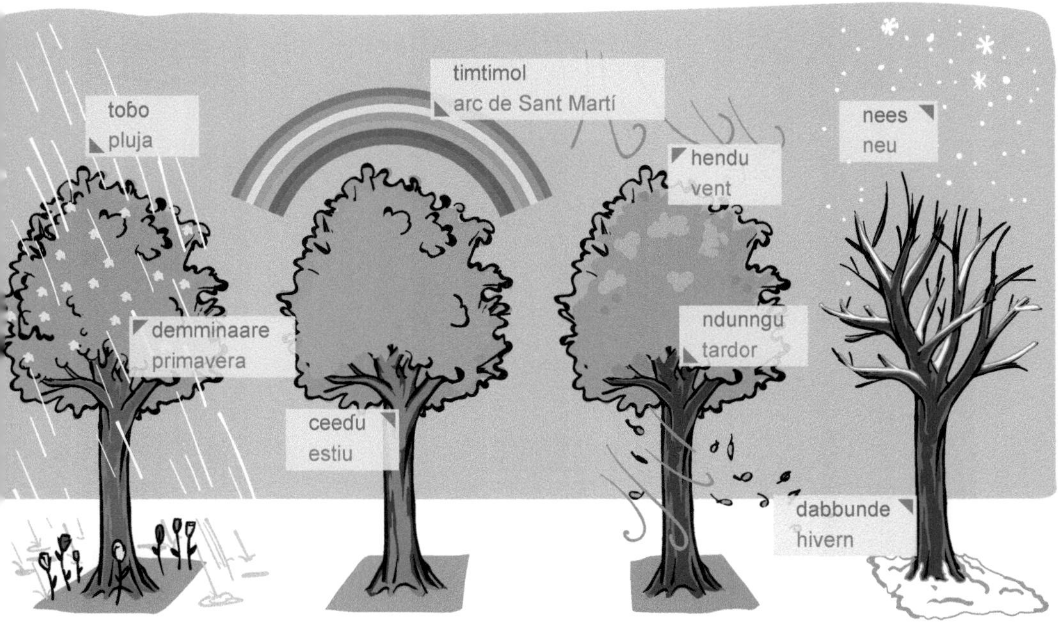

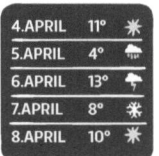

kabaaru weeyo

pronòstic del temps

F
C
120
90
60
30
0
-30
40
30
20
10
0
-10
-20

termomeeter

termòmetre

naaŋini

llum del sol

ruulde

núvol

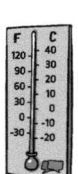

cuurki

boira

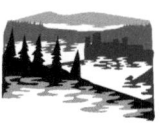

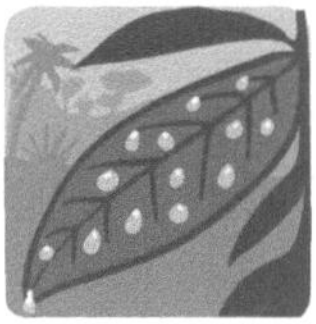

uddeende

humiditat de l'aire

majje

llamp

gidaango

tro

hendu

tempesta

huɗɗni

calamarsa

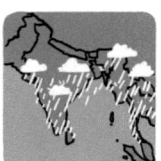

ruulɗini

monsó

waame

inundació

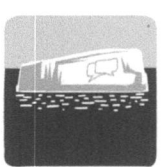

nees

gel

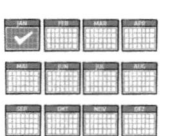

Siilo

gener

Colte

febrer

Mbooy

març

Seeɗto

abril

Duuyal

maig

Korse

juny

Morse

juliol

Juko

agost

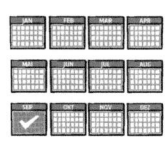

Siilto
....
setembre

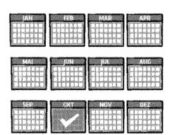

Yarkoma
....
octubre

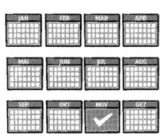

Jolal
....
novembre

Bowte
....
desembre

taarto
....
cercle

yaajeendi
....
quadrat

yaajo
....
rectangle

saraandi
....
triangle

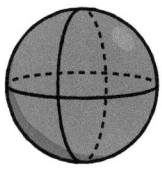

mbiifu
....
esfera

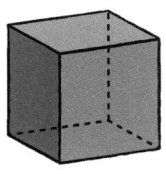

kiibb
....
cub

daneejo

blanc

oolo

groc

oraas

taronja

roos

rosa

boɗeejo

vermell

mboongu

lila

bulaajo

blau

werte

verd

cooyo

marró

puro

gris

ɓaleejo

negre

heewi / seeɗa

molt / poc

seki / deeyi

emprenyat / tranquil

yooɗi / soofi

bonic / lleig

fuuɗorde / gasirde

començament / fi

mawɗo / tokooso

gran / petit

leeri / niɓɓiɗi

clar / fosc

maniraaɗo / miñiraaɗo

germà / germana

laaɓi / tunwi

net / brut

timmi / manki

complet / incomplet

ñalawma / jamma

dia / nit

maayi / wuuri

mort / viu

yaaji / faaɗi

ample / estret

nano / nanotaako

comestible / immenjable

boni / moÿÿi

dolent / amable

softi / yoomi

entusiasmat / entediat

ɓuttiɗi / sewi

gros / prim

adi / wattindi

primer / darrer

sehil / gaño

amic / enemic

heewi / ɓolɗi

ple / buit

muusi / weeɓi

dur / tou

teddi / hoyi

pesant / lleuger

heege / ɗomka

gana / set

faawŋi / selli

malalt / sà

wona laawol / laawol

il·legal / legal

feerti / muddiɗi

intel·ligent / ximple

nano / ñaamo

esquerra / dreta

ɓatti / woɗɗi

prop / llunyà

keso / kiiɗɗo

nou / usat

ndiga / huunde

res / quelcom

nayeejo / suka

vell / jove

huɓɓi / ñifii

encès / apagat

uditi / uddii

obert / tancat

deeÿi / dille

silenciós / sorollós

alɗi / waasi

ric / pobre

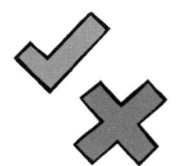

goonga / fenaande

correcte / incorrecte

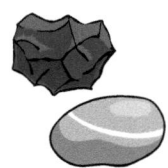

tiiɗi / nooyi

aspre / suau

metti / weli

trist / content

raɓɓiɗi / juuti

curt / llarg

leeli / yaawi

lent / ràpid

leppi / yoori

humit / sec - eixut

wuli / ɓuuɓi

calent / fred

hare / jam

guerra / pau

0

ndiga

zero

1

gooto

u

2

ɗiɗi

dos

3

tati

tres

4

nay

quatre

5

joy

cinc

6

jeegom

sis

7

jeeɗiɗi

set

8

jeetati

vuit

9

jeenay

nou

10

sappo

deu

11

sappoy goo

onze

12

sappoy ɗiɗi

dotze

13

sappoy tati

tretze

14

sappoy nay

catorze

15

sappoy joy

quinze

16

sappoy jeegom

setze

17

sappoy jeeɗiɗi

disset

18

sappoy jeetati

divuit

19

sappoy jeenay

dinou

20

noogaas

vint

100

teemedere

cent

1.000

ujunere

mil

1.000.000

miliyooŋ

milió

Aŋale
....
anglès

Aŋale Amarik
....
anglès americà

Mandare Siinaaɓe
....
xinès mandarí

Hindi
....
hindi

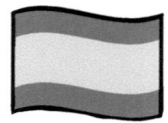

Españool
....
espanyol

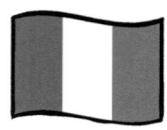

Farayse
....
francès

Arab
....
àrab

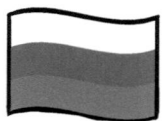

Riis
....
rus

Portigees
....
portuguès

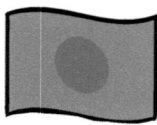

Bengali
....
bengalí

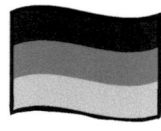

Almaa
....
alemany

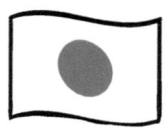

Sapponee
....
japonès

miin

jo

an

tu

kanko / kanko / kanum

ell / ella / allò

minen

nosaltres

onon

vosaltres

kamɓe

ells

holoon?

qui?

holɗuum?

què?

holnoon?

com?

holtoon?

on?

mande?

quan?

HELLO, I AM

inde

nom

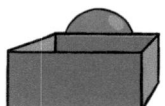

caggal

darrere

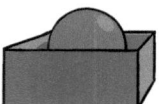

nder

en

sawndo

davant de

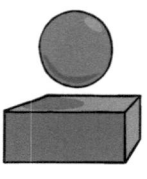

dow

damunt

e

sobre

les

sota

sara

al costat

hakkunde

entre

nokku

lloc